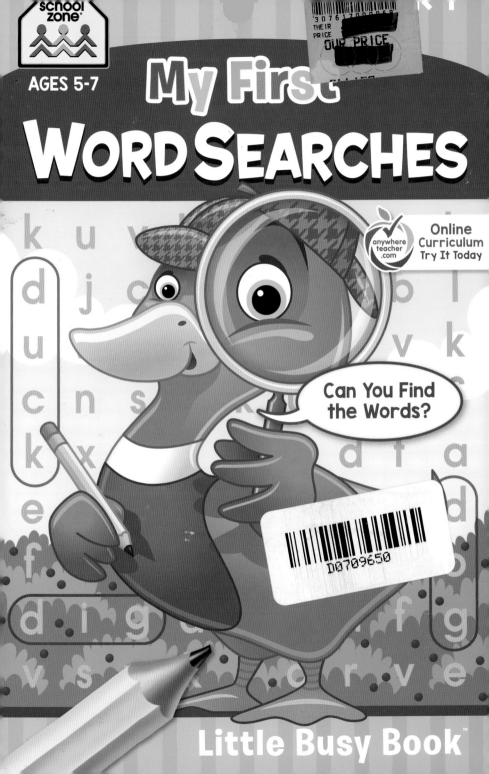

AnywhereTeacher.com
Fun Online Learning

Works on any device or computer with Internet connection

Visit AnywhereTeacher.com and try the ultimate online learning experience for kids. Your children will have fun practicing essential reading and math skills online with books, games, videos, flash cards, music, and more. Watch this exciting, multisensory adventure inspire a love of learning in your children.

At AnywhereTeacher.com you get:
Activities for ages 2 to 8
New content every month
Hours of creative fun and learning

Videos   Games   Flash Cards   Interactive Worksheets   Books   Songs   Writables & Printables

Want more great content? Subscribe to get full access to our entire learning library.

Three-letter Words

Look at the word list. Circle the words in the puzzle.

saw bee pie
jet car bed

More Three-letter Words

Look at the word list. Circle the words in the puzzle.

> cat dog pig
> fox bug cow

a	p	u	c	d	x	k	f	a
w	c	a	t	k	y	t	o	g
k	h	d	z	g	z	v	x	l
f	d	b	d	s	t	v	x	v
k	j	x	o	w	c	o	w	r
b	m	n	g	z	x	c	k	j
c	y	g	x	n	p	i	g	w
k	w	s	d	w	p	u	q	l
g	b	u	g	f	s	v	f	r

Busy b Words

Look at the word list. Circle the words in the puzzle.

> **bus bed ball bee
> bird boat book**

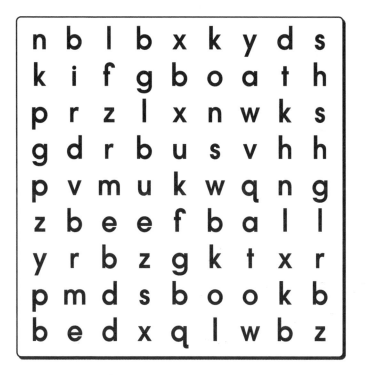

```
n  b  l  b  x  k  y  d  s
k  i  f  g  b  o  a  t  h
p  r  z  l  x  n  w  k  s
g  d  r  b  u  s  v  h  h
p  v  m  u  k  w  q  n  g
z  b  e  e  f  b  a  l  l
y  r  b  z  g  k  t  x  r
p  m  d  s  b  o  o  k  b
b  e  d  x  q  l  w  b  z
```

Clever c Words

Look at the word list. Circle the words in the puzzle.

car cat cow cup
can cake corn coat

q a k l v f t j c
x w c a k e u w o
b n t q s n l p w
c o r n w c a n r
p m t q x d f k w
c o a t r c u p v
i f q l f k n b s
w k c a r j w l g
p r k d n i c a t

Divine d Words

Look at the word list. Circle the words in the puzzle.

dog dad doll day
drum duck dish

```
q d o g u p b f d
o v b m l j d m a
w r x q p w d j d
r a q d a y r z k
p t w y s h u k p
m d u c k x m x j
g q w m n f r p k
s y g d j d o l l
b d i s h h k c f
```

Flashy f Words

Look at the word list. Circle the words in the puzzle.

> fan fox fish flag
> frog food fire farm

```
k  u  v  b  t  f  i  s  h
f  j  c  s  z  x  y  b  l
o  w  f  r  o  g  m  v  k
x  c  s  d  k  u  p  y  f
k  x  w  f  o  o  d  f  a
p  j  y  r  d  n  m  w  n
f  i  r  e  w  f  l  a  g
w  g  q  a  r  l  h  f  v
v  d  w  k  f  a  r  m  d
```

Great g Words

Look at the word list. Circle the words in the puzzle.

go gum girl gift
green goat gate

p	n	g	i	f	t	m	b	v
w	s	f	z	n	q	l	k	z
r	y	q	g	r	e	e	n	k
g	l	n	v	s	t	p	v	g
u	w	g	i	r	l	w	k	o
m	n	j	f	d	w	x	k	j
u	r	d	t	g	o	a	t	b
h	k	r	y	s	q	z	j	v
u	f	g	a	t	e	w	t	z

Heavenly h Words

Look at the word list. Circle the words in the puzzle.

hen ham hat horn
hook house heart

```
e h o r n g f l h
p k s n x q p x a
h g c h o o k n t
a b k z m q r t q
m j h e a r t v k
w z w p r t b k c
k r q d q k n h m
p h o u s e r e t
z t p j n k b n q
```

Jolly j Words

Look at the word list. Circle the words in the puzzle.

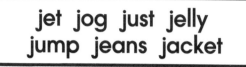

jet jog just jelly
jump jeans jacket

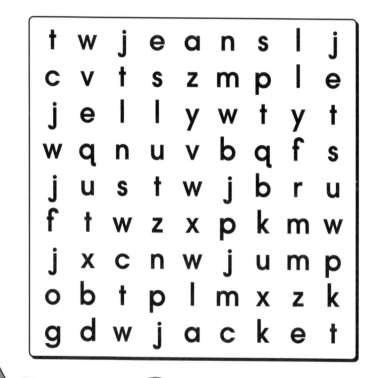

t w j e a n s l j
c v t s z m p l e
j e l l y w t y t
w q n u v b q f s
j u s t w j b r u
f t w z x p k m w
j x c n w j u m p
o b t p l m x z k
g d w j a c k e t

Kind k Words

Look at the word list. Circle the words in the puzzle.

key kind kite keep
kitten king kiwi

k p v x z l k n k
e w d k i n g g i
y l k j m v x t w
t w k i t e u f i
v m c x t z p q w
u n b s k i n d p
k e e p k b v s t
j p l m f s c y w
w k i t t e n j h

Lively l Words

Look at the word list. Circle the words in the puzzle.

lion lock like leaf
letter lamp lemon

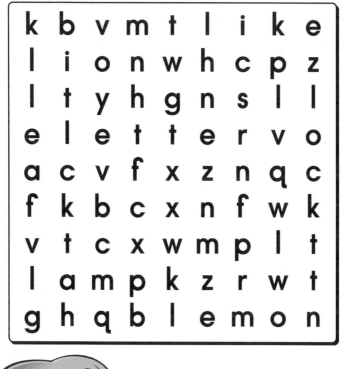

k b v m t l i k e
l i o n w h c p z
l t y h g n s l l
e l e t t e r v o
a c v f x z n q c
f k b c x n f w k
v t c x w m p l t
l a m p k z r w t
g h q b l e m o n

Mighty m Words

Look at the word list. Circle the words in the puzzle.

mop map man may
milk moon mice money

g	p	k	n	m	i	l	k	v
z	q	r	f	q	p	k	y	w
m	w	m	o	o	n	k	l	v
o	z	k	n	w	t	v	r	m
p	n	w	m	i	c	e	g	a
c	x	p	k	w	r	q	h	p
w	m	o	n	e	y	t	v	m
x	y	p	w	g	h	k	z	r
w	m	a	y	k	m	a	n	u

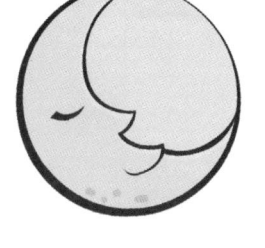

Nifty n Words

Look at the word list. Circle the words in the puzzle.

net nuts new nine
nest nickel number

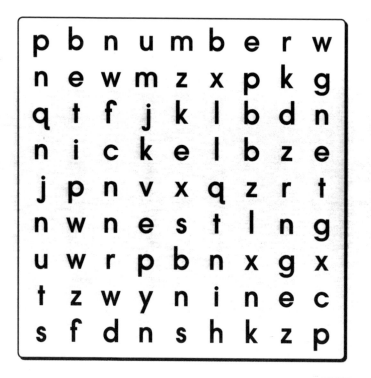

p b n u m b e r w
n e w m z x p k g
q t f j k l b d n
n i c k e l b z e
j p n v x q z r t
n w n e s t l n g
u w r p b n x g x
t z w y n i n e c
s f d n s h k z p

Pleasant p Words

Look at the word list. Circle the words in the puzzle.

pie pen pig pear
puppy pizza penny

w p i e q p o l p
c q s n o i m v u
s p i g h z l t p
z b q m d z y w p
e j c x z a n v y
p e a r r t q k h
v r g h p e n c m
z t w n c y s r t
t w p e n n y f x

Quaint q Words

Look at the word list. Circle the words in the puzzle.

quiz quail quilt
queen question quarter

q u a r t e r w m
d z u n g s p n q
s w q u i l t y u
t n v c p j f w i
q u e e n w l k z
b c v x t r m w n
w q u e s t i o n
h k v z r k t j w
b c u w q u a i l

Radiant r Words

Look at the word list. Circle the words in the puzzle.

> red rug rose ring
> rain rope robot robin

```
r a i n f t y p q
r b s r o b o t r
i k b j p q g k o
n h r e d z n r b
g k l k x j x q i
r o s e r w z p n
v r z q k s r u g
z l i f c r h n q
i x c q v r o p e
```

16

Shining s Words

Look at the word list. Circle the words in the puzzle.

sit sun sea sock
star sing soap snail

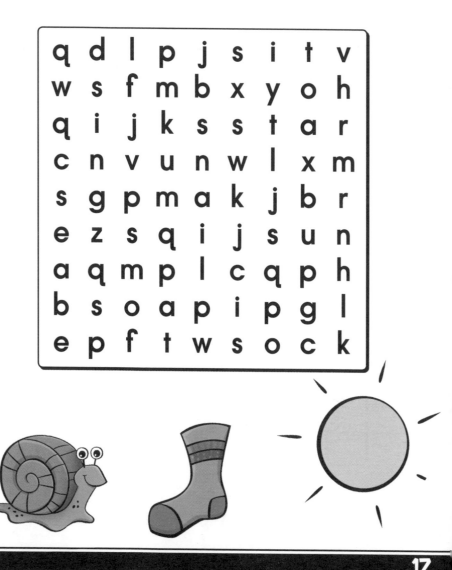

q d l p j s i t v
w s f m b x y o h
q i j k s s t a r
c n v u n w l x m
s g p m a k j b r
e z s q i j s u n
a q m p l c q p h
b s o a p i p g l
e p f t w s o c k

Terrific t Words

Look at the word list. Circle the words in the puzzle.

top tie tire tent toad
train turtle tiger

w t r a i n f l h
p k s n x q p x t
t m t i g e r c o
e b p t m q g t a
n j h i a t o p d
t z q r z t b n i
k r g e w r q h t
p t u r t l e j t
z t p j n x t i e

Vibrant v Words

Look at the word list. Circle the words in the puzzle.

van   vase   vine   very
valentine   vest   violin

```
v a l e n t i n e
g h j p z x q s l
v e r y w v a n w
b v s p j k e q t
v e s t m v p n v
z v k w n q l w a
h c z v i n e p s
v c u r f s n m e
w v i o l i n p a
```

Wonderful w Words

Look at the word list. Circle the words in the puzzle.

> why web wolf worm
> wagon watch water

```
i  h  w  a  g  o  n  k  w
z  x  k  g  w  j  l  v  h
w  a  t  c  h  p  n  m  y
b  x  z  p  s  g  g  k  l
w  h  i  k  w  a  t  e  r
e  w  m  i  b  c  z  s  k
b  d  w  o  r  m  c  z  p
m  t  d  s  l  z  p  t  j
b  q  a  j  w  o  l  f  r
```

Mix It Up: x, y, and z

Look at the word list. Circle the words in the puzzle.

zoo x-ray zero
yard zipper yellow

```
q  z  i  p  p  e  r  v  k
z  y  g  t  k  j  v  c  z
p  h  w  z  e  r  o  f  o
n  b  t  l  h  s  z  w  o
m  y  a  r  d  n  u  l  h
r  k  n  x  v  s  g  t  h
w  x  -  r  a  y  p  d  q
m  z  j  d  k  e  w  n  m
v  i  r  y  e  l  l  o  w
```

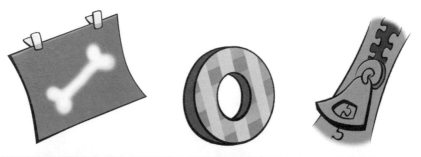

©School Zone Publishing Company 02738

Short a Words

Look at the word list. Circle the words in the puzzle.

> **hat ant bat map
> mask sack apple rabbit**

```
w  b  a  t  w  s  a  c  k
b  l  x  z  u  k  p  w  h
a  j  k  r  a  b  b  i  t
n  k  l  n  z  x  w  p  k
t  n  v  b  m  a  p  w  h
m  x  i  p  h  c  z  l  a
a  g  m  a  s  k  t  r  t
m  z  y  f  w  p  g  q  j
n  x  a  p  p  l  e  w  i
```

Short e Words

Look at the word list. Circle the words in the puzzle.

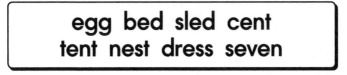

egg bed sled cent
tent nest dress seven

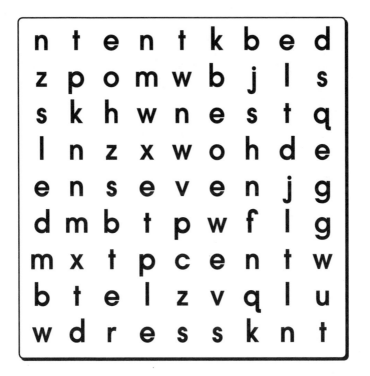

n t e n t k b e d
z p o m w b j l s
s k h w n e s t q
l n z x w o h d e
e n s e v e n j g
d m b t p w f l g
m x t p c e n t w
b t e l z v q l u
w d r e s s k n t

Short i Words

Look at the word list. Circle the words in the puzzle.

> **six dig pig**
> **dish kick ship kiss**

```
w  j  d  k  i  s  s  n  b
s  z  p  l  r  t  h  g  v
i  w  s  h  i  p  m  t  p
x  n  z  i  y  k  f  g  i
l  j  n  k  i  c  k  x  g
w  s  l  k  j  v  x  p  t
k  d  i  s  h  n  x  w  k
m  z  d  p  k  j  l  d  w
h  m  x  w  r  b  d  i  g
```

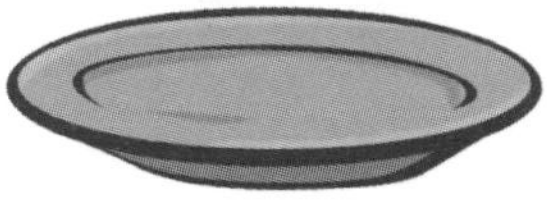

Short o Words

Look at the word list. Circle the words in the puzzle.

fox box hot
stop rock lock sock

p k s o c k z b w
b n l r o c k g x
o z t w l k m v r
x k b t w f o x a
w p l m k t c z i
n t s t o p x r h
z u w p h w n c o
w l o c k p k v t
f t i r q h k z x

Short u Words

Look at the word list. Circle the words in the puzzle.

up sun cup rug
bug bus duck drum

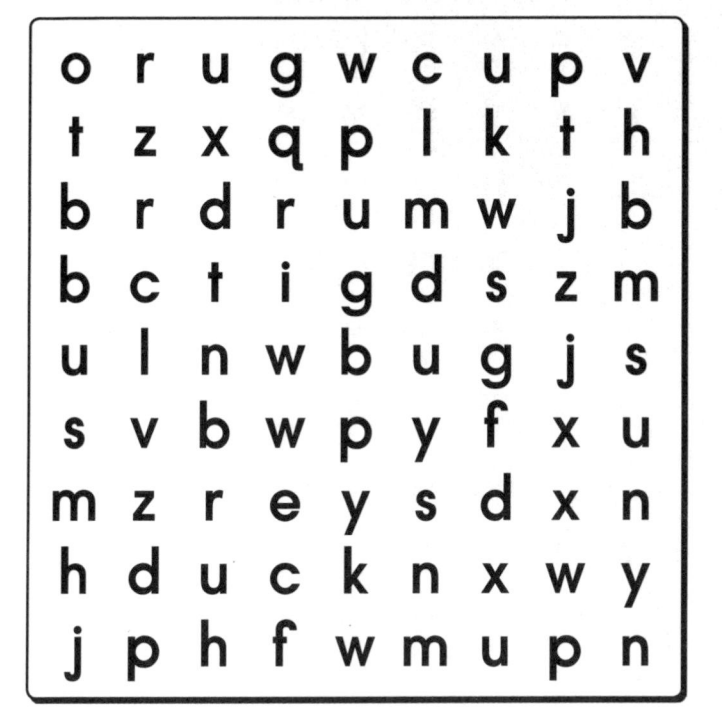

o r u g w c u p v
t z x q p l k t h
b r d r u m w j b
b c t i g d s z m
u l n w b u g j s
s v b w p y f x u
m z r e y s d x n
h d u c k n x w y
j p h f w m u p n

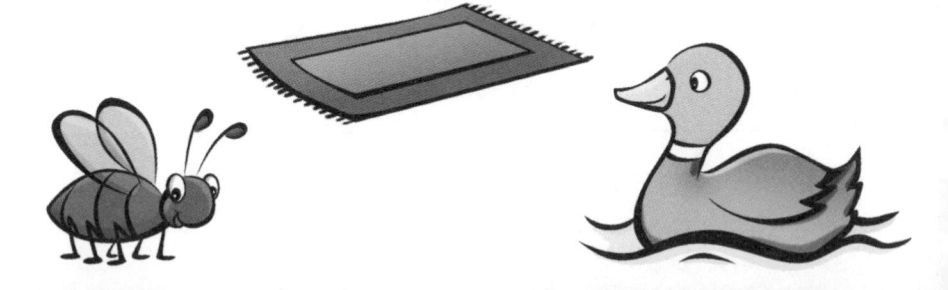

Long a Words

Look at the word list. Circle the words in the puzzle.

sail rain play name
rake cake game

r	a	i	n	z	x	b	t	g
n	z	x	e	r	l	b	i	a
v	c	h	p	l	a	y	w	m
n	b	v	b	x	q	p	k	e
a	w	s	a	i	l	w	n	c
m	x	i	g	f	w	q	n	q
e	b	w	c	r	r	a	k	e
c	z	t	l	z	x	w	p	v
h	j	t	c	a	k	e	r	p

GAME

Long e Words

Look at the word list. Circle the words in the puzzle.

bee tree bean leaf
feet baby money sheep

q k b m o n e y z
t s a j g v z q j
b h b x s h e e p
e z y a l n m r y
e c d t r e e v f
j k n v x w u z e
w b e a n b c r e
q h x v w y d w t
w k r l e a f d e

Long i Words

Look at the word list. Circle the words in the puzzle.

pie tie why five
bike dime light right

h v z x p t i e u
f i v e w k m n c
j l m n z q t z w
k m w b i k e t h
p g c w x p t r y
i r i g h t w h n
e n b v e p s d k
c z r x p d i m e
l i g h t w h j t

Long o Words

Look at the word list. Circle the words in the puzzle.

| slow | snow | goat | bone |
| toad | grow | rope | home |

Long u Words

Look at the word list. Circle the words in the puzzle.

new cute suit blue
mule tube ruler cube

m t w c u t e w q
u w n v s w z u m
l w r u l e r w t
e z k l s u r k u
g f r w n e w p b
c q j k b w m n e
u s u i t h j w n
b x c y p n w m q
e n r d b l u e w

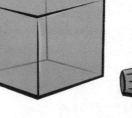

Weather Wonders

Look at the word list. Circle the words in the puzzle.

windy rainy snowy
sunny foggy cloudy

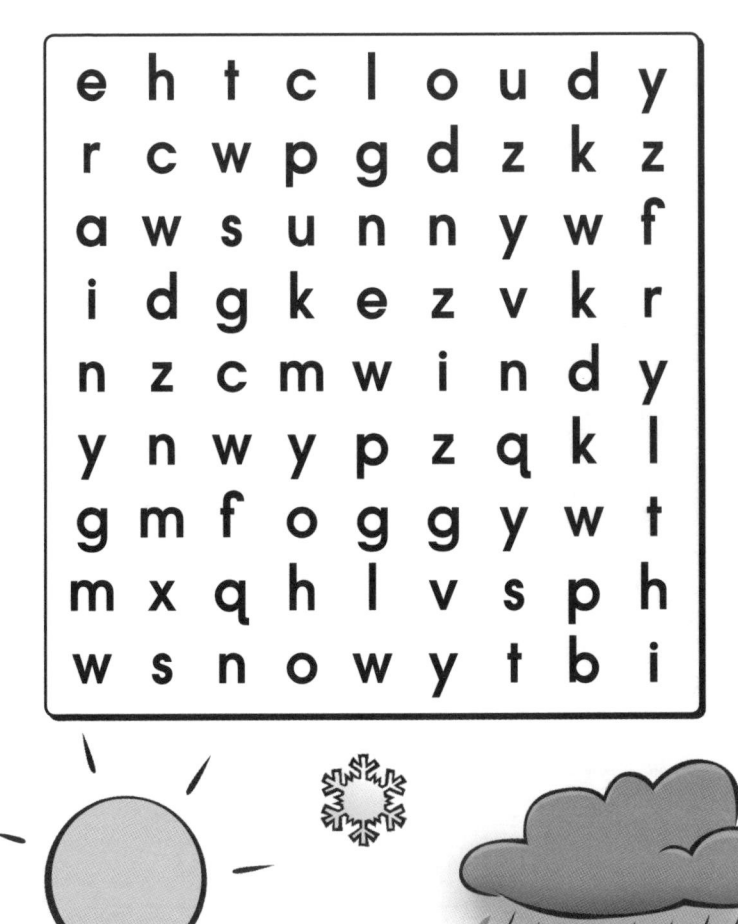

e	h	t	c	l	o	u	d	y
r	c	w	p	g	d	z	k	z
a	w	s	u	n	n	y	w	f
i	d	g	k	e	z	v	k	r
n	z	c	m	w	i	n	d	y
y	n	w	y	p	z	q	k	l
g	m	f	o	g	g	y	w	t
m	x	q	h	l	v	s	p	h
w	s	n	o	w	y	t	b	i

Describe It

Look at the word list. Circle the words in the puzzle.

> hot four dark short
> funny small pretty

```
k f u n n y v c a
p k l t x w h g f
m p k k h f o u r
s h o r t b v z q
p k t b d w h o t
d b t p h m d q l
a v z s m a l l w
r m l h j r q p r
k h p r e t t y a
```

Position It

Look at the word list. Circle the words in the puzzle.

top over under below
inside middle between

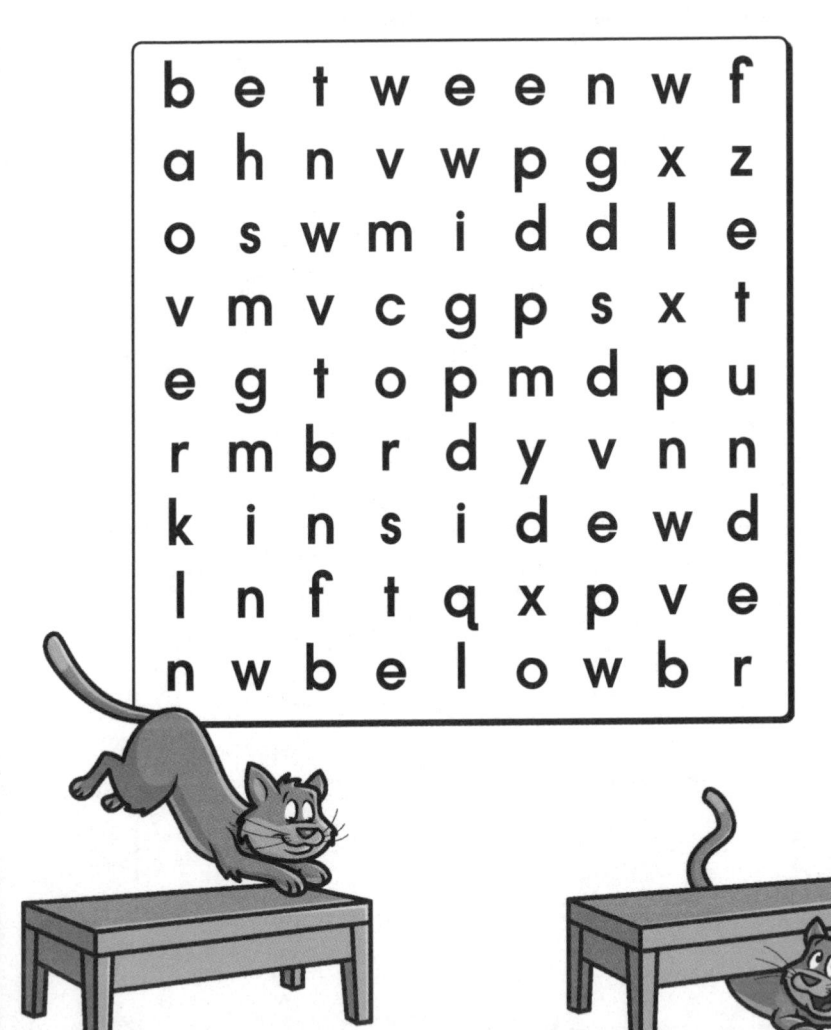

b e t w e e n w f
a h n v w p g x z
o s w m i d d l e
v m v c g p s x t
e g t o p m d p u
r m b r d y v n n
k i n s i d e w d
l n f t q x p v e
n w b e l o w b r

Take Action!

Look at the word list. Circle the words in the puzzle.

jog run hop dig fly
jump kick skip swing

r w s k i p k f c
u m c z q f k p l
n k z s w i n g t
m n r d c q z p j
d w f l y z h o p
i v l m d q a p v
g c x p f k i c k
v z j u m p w g n
v s p q z l j o g

Colorful World

Look at the word list. Circle the words in the puzzle.

red blue black green
yellow orange purple

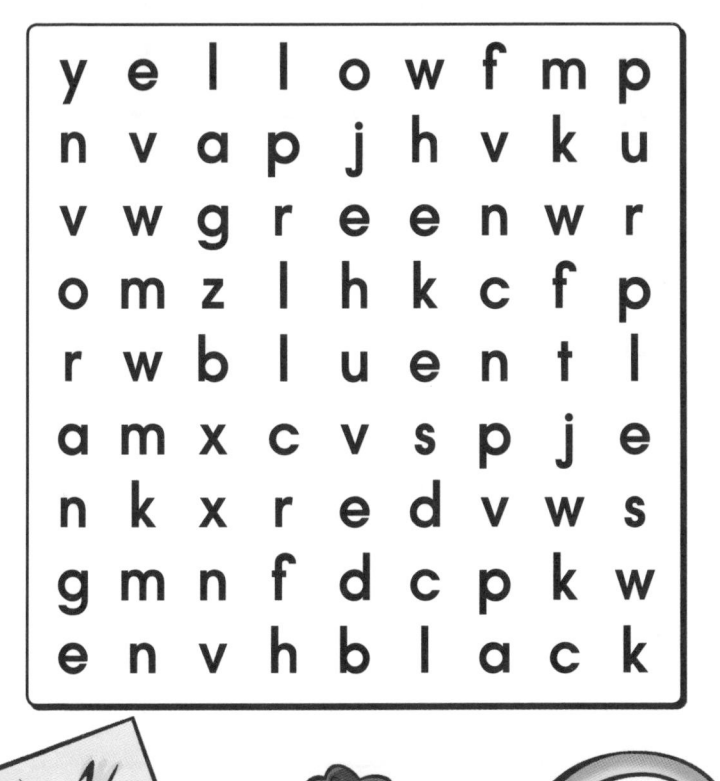

y e l l o w f m p
n v a p j h v k u
v w g r e e n w r
o m z l h k c f p
r w b l u e n t l
a m x c v s p j e
n k x r e d v w s
g m n f d c p k w
e n v h b l a c k

Nifty Numbers

Look at the word list. Circle the words in the puzzle.

> **six one two five**
> **four three seven**

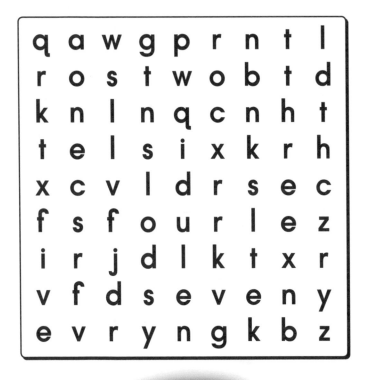

```
q a w g p r n t l
r o s t w o b t d
k n l n q c n h t
t e l s i x k r h
x c v l d r s e c
f s f o u r l e z
i r j d l k t x r
v f d s e v e n y
e v r y n g k b z
```

5   1   3

Moving On

Look at the word list. Circle the words in the puzzle.

car bus van bike
truck plane train

b	i	k	e	m	n	p	h	x
s	q	x	t	r	a	i	n	v
q	k	h	k	w	j	c	m	p
t	l	g	l	c	a	r	g	l
r	m	g	d	v	k	b	f	a
u	k	b	u	s	b	h	p	n
c	i	s	q	z	i	d	v	e
k	h	z	v	a	n	z	n	h
e	d	q	k	m	e	p	v	i

Rhyming Words

Look at the word list. Circle the words in the puzzle.

> van fan box fox
> hen ten bed wed

```
h x f w l c f o v
q h e n x q o y a
a d f q x t x r n
i z w j d w d t x
p j e x f a n e k
y h d q t f l n t
u t m k u d p n w
q b e d j z x t q
z s h k g x b o x
```

More Rhyming Fun!

Look at the word list. Circle the words in the puzzle.

cat hat king ring
boat coat dog frog

```
k  c  a  t  o  h  a  t  g
b  r  t  x  k  o  p  t  c
k  k  t  b  o  a  t  l  o
q  i  n  p  u  v  k  p  a
y  n  z  a  s  j  s  t  t
o  g  t  r  i  n  g  q  e
l  n  w  d  z  o  i  e  d
r  t  f  r  o  g  k  j  o
c  z  t  d  w  y  s  m  g
```

Opposites

Look at the word list. Circle the words in the puzzle.

stop	go	on	off	wet				
dry	hot	cold	up	down				

```
v  b  t  g  w  e  t  r  l
s  p  k  z  x  q  b  h  y
t  g  o  k  j  h  m  d  t
o  u  d  z  q  o  y  r  t
p  x  z  o  i  t  s  y  l
l  s  u  f  f  x  q  b  r
o  n  j  f  l  c  o  l  d
d  f  s  s  t  z  w  j  y
x  u  p  y  d  o  w  n  z
```

More Opposites

Look at the word list. Circle the words in the puzzle.

> in out new old
> fast slow big little

```
v  b  i  g  z  i  n  e  k
o  w  q  t  x  q  b  h  b
u  g  l  n  e  w  n  p  t
t  u  q  b  n  p  y  o  g
k  x  o  l  d  r  s  k  l
n  s  u  q  f  x  l  b  c
a  f  a  s  t  k  o  x  j
n  r  d  i  b  z  w  j  y
z  p  l  i  t  t  l  e  t
```

42

Pleasing Places

Look at the word list. Circle the words in the puzzle.

zoo city park farm
beach store school

f a r m w k z o o
m n t w k p a x t
c w s c h o o l w
i k n b v s z p t
t y z r k l u b b
y w s t o r e w e
d x u l b e x r a
p a r k w t m v c
o p k g t x v w h

Order Up!

Look at the word list. Circle the words in the puzzle.

taco   fries   pizza
hot dog   hamburger   burrito

```
h a m b u r g e r
n p g t x q b h f
h t a c o h g c r
o x d b c b y r i
i b u r r i t o e
c s o v m x l k s
g p i z z a x p d
n f s q t z w j y
s z h o t d o g p
```

44

Finding Feelings

Look at the word list. Circle the words in the puzzle.

sad shy glad afraid
angry happy lonely

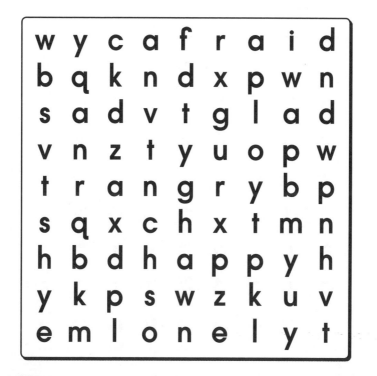

```
w  y  c  a  f  r  a  i  d
b  q  k  n  d  x  p  w  n
s  a  d  v  t  g  l  a  d
v  n  z  t  y  u  o  p  w
t  r  a  n  g  r  y  b  p
s  q  x  c  h  x  t  m  n
h  b  d  h  a  p  p  y  h
y  k  p  s  w  z  k  u  v
e  m  l  o  n  e  l  y  t
```

A Day At The Zoo

Look at the word list. Circle the words in the puzzle.

> ## zebra lion elephant
> ## panda seal tiger bear

k	p	a	n	d	a	b	c	l
s	r	t	z	q	o	p	t	b
t	q	t	s	e	a	l	l	e
i	z	b	p	u	v	m	n	a
g	b	z	e	b	r	a	m	r
e	x	t	p	w	v	u	q	k
r	n	b	l	i	o	n	e	h
j	t	r	d	b	w	k	j	l
m	e	l	e	p	h	a	n	t

The Fruit Stand

Look at the word list. Circle the words in the puzzle.

banana cherry orange
pear lemon melon apple

```
v  t  i  a  p  p  l  e  o
b  i  u  q  x  v  b  h  l
a  y  l  e  m  o  n  n  c
n  u  o  b  n  w  y  o  h
a  o  p  e  a  r  i  k  e
n  y  v  f  q  w  k  v  r
a  n  m  e  l  o  n  x  r
d  c  v  s  a  z  k  j  y
b  o  r  a  n  g  e  b  z
```

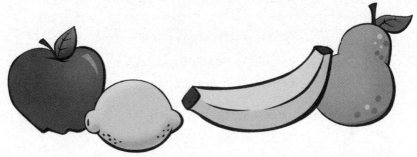

Garden Goodness

Look at the word list. Circle the words in the puzzle.

corn peas celery
carrot onion tomato

```
k c f c e l e r y
b a k x y z p t p
w r t o n i o n r
y r n z u v m r o
r o m p e a s t c
v t t q w v u q o
o u b d j p d x r
n t o m a t o j n
s o h a q c s b z
```

school zone®

AGES 5-7

My First WORD SEARCHES

K-1

This **Little Busy Book**™ delivers 48 creative puzzles to on-the-go young learners. This book can enhance children's knowledge of phonics, opposites, and rhyming words. Each page features a challenging, confidence-boosting word game. This handy practice can build vocabulary and reading skills!

Workbooks

Workbook practice can help kids develop fine motor skills, focus on the task at hand, and learn new skills at their own pace.

Flash Cards

Practice testing with flash cards is one of the most effective learning techniques available. This technique can boost retention.

Start to Read!®

A love of reading has far-reaching benefits for kids, emotionally and academically. Kids who enjoy reading become more confident readers and read more often.

Digital Learning

Kids love to use technology, and di___ ___rning tools can help them learn as they ___ tools provide additional opportun___ to master new ___

schoolzone
© School Zone Publishin___
1819 Industrial Dr., Grand ___

Illustrated by Robi___
Cover Illustrated by Te___